Gabriela Schlesiger-Imbery

Erleben – begreifen – verstehen

Vom Korn zum Brot

Kopiervorlagen für einen handlungsorientierten und fächerverbindenden Sachunterricht in der Grundschule

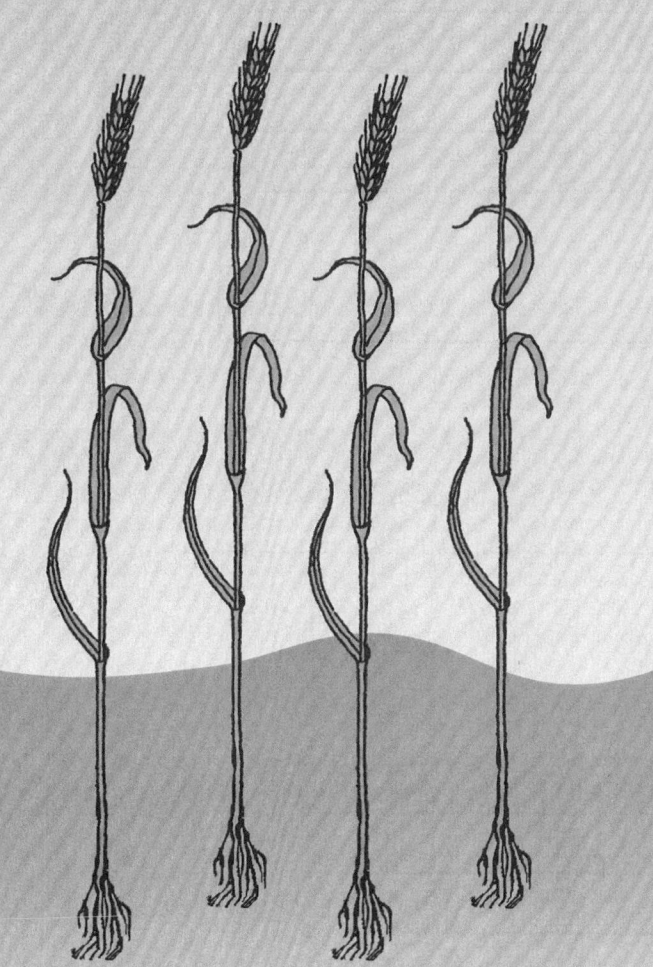

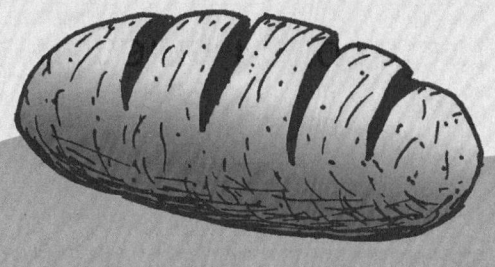

In diesem Werk sind nach dem MarkenG geschützte Marken und sonstige Kennzeichen für eine bessere Lesbarkeit nicht besonders kenntlich gemacht. Es kann also aus dem Fehlen eines entsprechenden Hinweises nicht geschlossen werden, dass es sich um einen freien Warennamen handelt.

9. Auflage 2024
© 2000 Auer Verlag, Augsburg
AAP Lehrerwelt GmbH
Alle Rechte vorbehalten.

Das Werk als Ganzes sowie in seinen Teilen unterliegt dem deutschen Urheberrecht. Der*die Erwerber*in der Einzellizenz ist berechtigt, das Werk als Ganzes oder in seinen Teilen für den eigenen Gebrauch und den Einsatz im eigenen Präsenz- oder Distanzunterricht zu nutzen.

Produkte, die aufgrund ihres Bestimmungszweckes zur Vervielfältigung und Weitergabe zu Unterrichtszwecken gedacht sind (insbesondere Kopiervorlagen und Arbeitsblätter), dürfen zu Unterrichtszwecken vervielfältigt und weitergegeben werden. Die Nutzung ist nur für den genannten Zweck gestattet, nicht jedoch für einen schulweiten Einsatz und Gebrauch, für die Weiterleitung an Dritte einschließlich weiterer Lehrkräfte, für die Veröffentlichung im Internet oder in (Schul-)Intranets oder einen weiteren kommerziellen Gebrauch. Mit dem Kauf einer Schullizenz ist die Schule berechtigt, die Inhalte durch alle Lehrkräfte des Kollegiums der erwerbenden Schule sowie durch die Schüler*innen der Schule und deren Eltern zu nutzen. Nicht erlaubt ist die Weiterleitung der Inhalte an Lehrkräfte, Schüler*innen, Eltern, andere Personen, soziale Netzwerke, Downloaddienste oder Ähnliches außerhalb der eigenen Schule. Eine über den genannten Zweck hinausgehende Nutzung bedarf in jedem Fall der vorherigen schriftlichen Zustimmung des Verlags.

Sind Internetadressen in diesem Werk angegeben, wurden diese vom Verlag sorgfältig geprüft. Da wir auf die externen Seiten weder inhaltliche noch gestalterische Einflussmöglichkeiten haben, können wir nicht garantieren, dass die Inhalte zu einem späteren Zeitpunkt noch dieselben sind wie zum Zeitpunkt der Drucklegung. Der Auer Verlag übernimmt deshalb keine Gewähr für die Aktualität und den Inhalt dieser Internetseiten oder solcher, die mit ihnen verlinkt sind, und schließt jegliche Haftung aus.

Autor*innen: Gabriela Schlesiger-Imbery
Illustrationen: Hedda Reinhard, Freiburg
Satz: fotosatz griesheim GmbH
Druck und Bindung: Korrekt Nyomdaipari Kft.
ISBN 978-3-403-**03388**-2

www.auer-verlag.de

Inhaltsverzeichnis

Informationen für die Lehrerin und den Lehrer – 4
Ohne Material geht gar nichts! – 5

Getreide kennenlernen

Getreidebuch anlegen – 7, Wissenswertes über Weizen – 9, Wissenswertes über Roggen – 9, Wissenswertes über Gerste – 10, Wissenswertes über Hafer – 10, Wissenswertes über Mais – 11, Wissenswertes über Dinkel – 12, Wissenswertes über Hirse – 13, Wissenswertes über Reis – 14, Reisrezepte – 16, Reis ist nicht gleich Reis – 17, Kochen mit Reis – 18

Aufbau einer Getreidepflanze

Wissenswertes über Weizen – 19, Hafer – 20, Gerste – 20, Dinkel – 21, Roggen – 21, Pflanzen kann man erfühlen – 22, Das Getreidekorn – 23

Früher und heute

Feldarbeit früher und heute – 24, Vom Korn zum Brötchen – 25, So backte man früher zu Großmutters Zeiten – 26, In der Backstube – 27

Stationenlernen

Überall finden wir Getreide – 28, Hauptnahrungsmittel in verschiedenen Ländern – 29, Reis auf verschiedene Arten essen – 30, „Rund um das Korn"-Quiz – 31, Kreuzworträtsel – 33, Getreidemandala – 34, Körnerbilder – 35, Schätzen und Wiegen – 36, Die Geschichte des Brotes – 37, Informationstische – 38, Weizen-Wachstums-Rallye – 39, Bauernregeln – 41, Der Bauer und der Teufel – 42, Wie es früher war – 43, Wenn ich eine Getreideähre wäre – 45, Ähren bei Nacht – 46, Brotbacken am Lagerfeuer – 47, „Vom Korn zum Brot"-Spiel – 48

Allgemein	Deutsch	Spiele	Bildende Kunst	Handlung	Kochseiten	Wissen

Information für die Lehrerin und den Lehrer

Vom Korn zum Brot

In diesem Heft soll LERNEN möglich werden durch GREIFEN, d. h. BE-GREIFEN, durch Fühlen und Tun, durch Riechen und Schmecken, durch Erwandern und Erfahren, durch Problemlösen, durch Kommunikation, durch Eigenaktivität, durch Erprobung und Vergleich.

Wir raten zu Museumsbesuchen, die die Schülerinnen und Schüler motivieren, damit wird die Chance noch größer, dass sie den Lerngegenstand KORN in ihr eigenes Leben und Erleben mehr mit einbeziehen können.

Eine der wichtigsten Grundlagen menschlicher Ernährung sind die aus Gräsern kultivierten Getreidearten. Ihre Herkunft, ihr Anbau, das Erscheinungsbild und ihr Nahrungsgehalt sind verschieden. Die Getreidearten gehören zu den ältesten Grundnahrungsmitteln der Menschen und haben bis heute nichts von ihrer Bedeutung verloren.

Sie begegnen uns täglich in den unterschiedlichsten Nahrungsmitteln und liefern uns so in „versteckter Form" lebenswichtige Grundstoffe wie Stärke und Eiweiß, aber auch wichtige Vitamine und Mineralstoffe.

Kinder kennen „GETREIDE" zumeist nur in verarbeitetem Zustand in Form von Brot, Nudeln, Gebäck etc. Diese Endprodukte werden in der Bäckerei oder im Supermarkt eingekauft. Kinder erleben „Getreide" fast ausschließlich losgelöst vom Entstehungs- und Wachstumsprozess.

Insofern ist es fraglich, ob die Kinder Getreide als Ausgangsprodukt zur Weiterverarbeitung überhaupt schon einmal wahrgenommen haben. Um so wichtiger ist es, dass die Kinder im Sachunterricht elementare Vorgänge bei Anbau und Verarbeitung von Nutzpflanzen durch teilnehmendes Handeln erfahren können.

Vom Kleinsten ausgehend (dem Korn) soll langsam der Blick geweitet werden auf das, was alles aus dem kleinen Korn entstehen kann und wo es überall „drinsteckt".

Das Thema vom Brot zum Korn ist im Weiteren in 4 Kapitel eingeteilt, die wiederum in kleine Bereiche aufgeteilt sind. Oben rechts auf den Seiten befindet sich immer ein Zeichen, welches auf den Schwerpunkt hinweist:

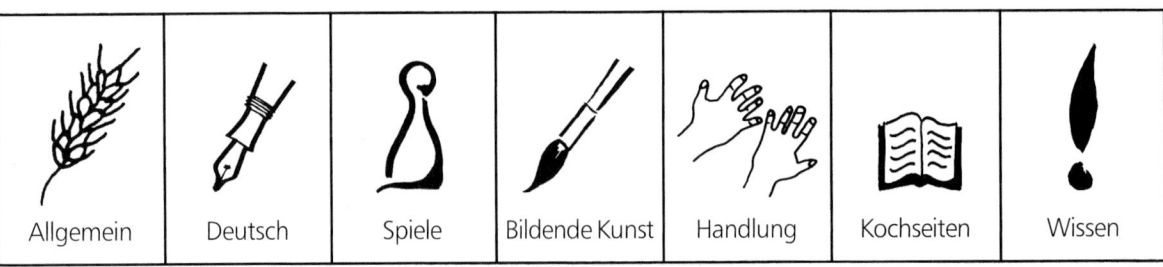

Allgemein | Deutsch | Spiele | Bildende Kunst | Handlung | Kochseiten | Wissen

Eine tolle, neue Erlebniswelt zum Erleben, Begreifen und Verstehen wartet auf Sie und Ihre Schulkinder.

Ohne Material geht gar nichts!

Materialliste für die Lehrerin/den Lehrer oder Eltern

- Ähren der wichtigsten Getreidesorten aus der Umgebung
  (beim Bauern im Juli besorgen oder in Blumenfachgeschäften)
- keimfähige Getreidesorten aus einer Biosamerei besorgen
  10 Weizenkörner pro Schüler oder Schülerin
  (aufpassen in normaler Samerei wg. Hybridgetreide! Keimen nur einmal, kein Korn kann hier wieder als Samenkorn verwendet werden!)
- 1 Mixer
- 1 alte Handkaffeemühle
  (evtl. haben die Großeltern noch eine!)
  oder
- 1 Mühle
- 1 Flasche schwarze Dispersionsfarbe
- 1 Rolle selbstklebende Klarsichtfolie
- mehrere Folientaschen
- 1 Dose Klarlack (ohne FCKW)
- 1 Kochkasserole mit Deckel
- Fotos von Getreidepflanzen
- Kochbücher
- 1 Mikroskop
- 1 Lupe
- verschiedene Packungen von Getreideprodukten
- verschiedene Brotsorten
- 10 l Erde vom Acker
- 1 Bogen Millimeterpapier pro Schüler oder Schülerin
- Klebeschildchen

Ohne Material geht gar nichts!

Materialien zum Thema „Vom Korn zum Brot" für Schüler/Schülerinnen

- 20 Filmdöschen, durchsichtig mit Deckel, zum Aufbewahren – im Fotogeschäft
- 10 Filmdöschen, dunkel mit Deckel – im Fotogeschäft
- Ähren der wichtigsten Getreidearten
  (Im Juli selbst beim Bauern holen, in Blumenläden etc.)
- keimfähige Getreidesorten in einer Biosamerei besorgen
  (aufpassen wegen Hybridgetreide – keimt nicht!)
- 1 Lupenbecher
- 1 längliche Backform; ca. 30/40 cm lang
- 6 Schuhkartons (erhältlich kostenlos im Schuhgeschäft)
- Briefkarten, beidseitig unbedruckt
- Pappkarten ca. 20 cm x 15 cm
- 1 Flasche Holzleim
- mehrere Pflanzschalen
- 1 großer Blumentopf
- Langkornreis
- 1 Tasse
- 1 großes, feinmaschiges Sieb
- 1 Teelöffel
- Kleber
- Schere
- A5-Karteikarten
- Kordel
- Lochverstärker
- Informationsbücher zum Thema, Lexika
- verschiedene Getreidekörner
- Fotos von Getreidepflanzen
- verschiedene Reissorten, je 50 g
- 1 Lineal
- 1 Augentuch
- 1 Radiergummi
- 1 Holzbrett
- 1 Messer
- 1 Bleistift
- 1 dünnes Ästchen

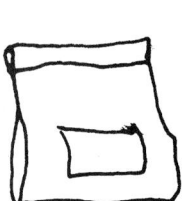

Getreidebuch anlegen I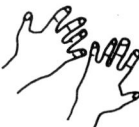

Du benötigst folgende Materialien:
- Informationsbücher
- A5-Karteikarten
- Kleber
- Schere
- Getreidepflanzen
- Getreidekörner
- Kordel
- Lochverstärker
- Fotos
- leere Filmdöschen – zum Aufbewahren der Körner

Aufgabe:
1. Lege dir ein eigenes Getreidebuch über folgende Sorten an:
   Weizen, Roggen, Gerste, Hafer, Mais, Dinkel, Hirse, Reis.
2. Schreibe dir die wichtigsten Informationen heraus.
3. Gestalte dein Buch aus.

Zusatzaufgabe:
1. Überlege dir Fragen zu den einzelnen Getreidesorten, schaue dir genau das Beispiel Reis an.
2. Lege Frage- und Antwortkarten selbstständig an.

Getreidebuch anlegen II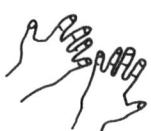

Reis — Infotext

Pflanze abmalen

Körner aufkleben

Vorderseite

Rezepte oder Bilder aus Zeitschriften

Rückseite

8   Getreide kennenlernen

Wissenswertes über Weizen

Der Weizen gilt wie die Gerste als primäre Kulturpflanze und ist etwa 6000 Jahre alt. Sein Ursprungsgebiet ist Vorderasien. Heute ist der Weizen weltweit verbreitet und liegt von allen Getreidearten in der Jahresproduktion an erster Stelle. Er ist somit die wichtigste Getreideart Europas. Der Weizen bevorzugt lehmhaltige Böden und gedeiht deshalb nicht überall.

Es gibt unzählige Weizensorten. Die Züchter bemühen sich seit Jahrhunderten um Verbesserungen des leicht manipulierbaren Weizens. Mit Wachstumsregulatoren erreichte man eine Halmverkürzung von zehn bis zwanzig Zentimetern. Auf die bessere Standfähigkeit wurde prompt mit mehr Dünger reagiert, um höhere Erträge zu erhalten. Kurzer Wuchs und starke Düngung zogen allerdings das Auftreten von Krankheiten (Pilzen) nach sich.

Die Weizenähre hat extrem kurze, kaum sichtbare Grannen. Das Weizenkorn ist im Vergleich zu den anderen Getreidesorten eher kurz und rund und hat einen leichten „Rotstich".

Bei uns in Deutschland wird hauptsächlich Weichweizen angebaut, der als Brotgetreide und in der Industrie als Rohstoff zur Herstellung von Stärke und Alkohol dient. Die Hälfte der Erntemenge wird zu Futter verarbeitet. Weizenmehl ist besonders hochwertig und lässt sich gut verbacken (enthält Kleber). Deshalb stellt man daraus neben Weißbrot auch feinere Backwaren her. Der in Südeuropa, Amerika und Australien vorherrschende Hartweizen eignet sich besonders zur Teigwarenherstellung.

Wissenswertes über Roggen

Der Roggen ist wie der Hafer eine sekundäre Kulturpflanze. Er ist anspruchslos, wächst auf leichten Sandböden, auch bei kühlem Klima in Küsten- und Gebirgslagen. Seine Robustheit verdankt er der Abstammung vom anatolischen Bergroggen. Dank seiner Resistenz gegen Krankheiten, insbesondere die beim Weizen gefürchtete Fußkrankheit, kann er zur Auflockerung weizenbetonter Fruchtfolgen beitragen. Im biologischen Anbau wird der Roggen gerade wegen dieser Eigenschaft geschätzt. Hinzu kommt, dass der Roggen durch sein relativ großes Wurzelwerk und seine frühe „Jugendentwicklung" kaum Unkraut aufkommen lässt und zur Regeneration müder Böden beiträgt.

Roggen ist unser wichtigstes Brotgetreide, obwohl die Bauern seine Anbaufläche im letzten Jahrzehnt etwa um ein Drittel reduzierten und inzwischen mehr Weizen anbauen. Das liegt daran, dass die Halmlänge des Roggens von über zwei Metern empfindlich auf zu starkes Düngen reagiert, was sich auf den Kornertrag auswirkt. Zudem ist die Ernte mit dem Mähdrescher dadurch stark erschwert.

Das Roggenkorn ist länglich und von auffallend blaugrüner Farbe. Die Grannen sind etwa halb so lang wie die Ähre selbst.

Roggen ist als Brotgetreide sehr wertvoll, weil er neben Stärke, Eiweiß, Mineralien und Vitaminen viele Ballaststoffe enthält.

Wissenswertes über Gerste

Die Gerste gilt als ältestes Getreide überhaupt, das sich die Menschen nutzbar gemacht haben. Sie wurde vermutlich in Ostasien schon vor 8000 Jahren angebaut. Heute wächst sie sowohl in nördlichen Breiten als auch in Höhenlagen. Sie ist anspruchslos und gedeiht auch auf kargem Boden. Die Gerste ist neben dem Weizen die in Europa am häufigsten angebaute Getreideart.

Großabnehmer sind hauptsächlich Brauereien, die Gerste als Rohstoff für die Malzherstellung verwenden, aber auch Futtermittelhersteller. Nur ein kleiner Teil der Gerstenernte wird für die menschliche Ernährung genutzt. Dieser wird zu Graupen, Grütze und Flocken verarbeitet.

Aus der Gerstenähre stehen Grannen hervor, die meist länger als die abgeflachte Ähre selbst sind. Die Vollgerste hat eine länglich-ovale Form und ist grau bis blaugrün. Wie bei allen Getreidearten befinden sich die wertvollen Mineralstoffe und Vitamine in den Randschichten des Korns. Die in der Gerste enthaltene Kieselsäure verbindet sich mit Zucker zu einer das Nervensystem und den Stoffwechsel stärkenden Einheit. Die Kieselsäure stärkt Bindegewebe und Bänder. Gerstenschleim wirkt beruhigend bei Reizungen der Schleimhäute von Magen und Darm.

Wissenswertes über Hafer

Der Hafer ist – wie der Roggen auch – eine sekundäre Kulturpflanze. Er trat zunächst als „Unkraut" zwischen Gerste und Weizen auf und wurde erst später gezüchtet. Er ist aus Vorderasien zu uns gekommen und gedeiht hier am besten in Gebieten mit hoher Luftfeuchtigkeit und guter Wasserversorgung. Hafer stellt jedoch an den Boden keine besonderen Ansprüche, sondern ist sehr anpassungsfähig. So konnte sich der ehemals wilde „Flughafer" dank seiner Anspruchslosigkeit und Widerstandsfähigkeit in schlechten Jahren und an extremen Standorten als eigenständige Getreideart behaupten.

Hafer wird in der Fruchtfolge in der Regel am Schluss angebaut, weil er für Krankheiten vorhergehender Getreidearten nicht anfällig ist. Er gedeiht auch auf Böden, die von Natur aus oder bedingt durch zuvor angebaute Kulturen mager sind. Hafer kann sogar die Qualität des Bodens verbessern und macht so den nachfolgenden Anbau aller Feldfrüchte besonders leicht.

Hafer ist das einzige bei uns wachsende Getreide mit einer Rispe als Fruchtstand. Das hellbraune Haferkorn ist schmal und lang. Aufgrund seines hohen Fettgehalts ist es relativ weich. Der Hafer findet als ganzes Korn Verwendung, er wird in groben und feinen Flocken, als Grütze oder Mehl angeboten. Wegen seiner leistungs- und aufnahmeverbessernden Inhaltsstoffe wird der Hafer gern als Futter für Zug- und Sportpferde eingesetzt. Hafer hat einen höheren Anteil an Vitaminen, Mineralstoffen und Fetten als unsere anderen Getreidearten. Er enthält besonders viel Vitamin B1 („Nerven-Vitamin"), Eisen und für das Herz-Kreislauf-System wichtige Fettsäuren, die den Cholesterinstoffwechsel entlasten.

Bis ins 19. Jahrhundert war der Hafer Grundnahrungsmittel für breite Bevölkerungsschichten.

Wissenswertes über Mais

Der Mais ist ursprünglich das mexikanisch-tropische Getreide. Er ist ein Gigant gegenüber Hafer, Roggen, Weizen, Gerste und allen anderen Getreidesorten. Er erreicht in seiner Heimat Höhen von 5 m. Hauptsächlich wird er als ergiebiges Viehfutter verwendet. Der Mais gehört heute zu den wichtigsten Kulturpflanzen der Menschen. Er dient der menschlichen Nahrung wie der Tierfütterung.

Der Mais entwickelt ein breites Blattelement. Sein Halm ist sehr kräftig. Das Halmmark stabilisiert den Halm während des ganzen Wachstums. Ist die Pflanze ausgewachsen, zeigt sie uns in der Mitte des Halmes und der Blätter den Fruchtblütenstand. Er entwickelt sich als Ähre zu einem Maiskolben. Die einzelnen Fruchtblüten sind anfangs nicht sichtbar. Große Hüllblätter – man nennt sie „Lieschen" – umwickeln den kompakten Fruchtstand. Die „Lieschen" lassen an der Spitze der Hülle eine Öffnung frei. Durch sie wachsen im Laufe des Wachstums eine große Anzahl von Fäden, die Quaste genannt werden.

Die Maisfrucht bringt von allen Getreidearten die größten Körner hervor. Die Körner sind feste, trapezförmige Samen, mit abgerundeten Ecken und Kanten. Die bekannteste Farbe ist Gelb.

Als Nahrungspflanze bietet der Mais viele Variationen:
- in Italien stellt man die „Polenta" her
- in Nordamerika „hominy", d. h. Breie aus grob geschroteten Maiskörnern
- Maismehl ist hier im Laden als Maizena bekannt, ebenso wie die Maisstärke, welche als Mondamin verkauft wird
- Cornflakes sind die knusprigen, blattdünnen, gerösteten Maisflocken
- der Maiszucker ist als Dextropur allseits bekannt
- aus den „Lieschen" hat man früher Zigarettenpapier hergestellt (gibt es heute noch in Frankreich)
- in holzarmen Gegenden Amerikas hat man früher Maiskolben zum Heizen verwendet.

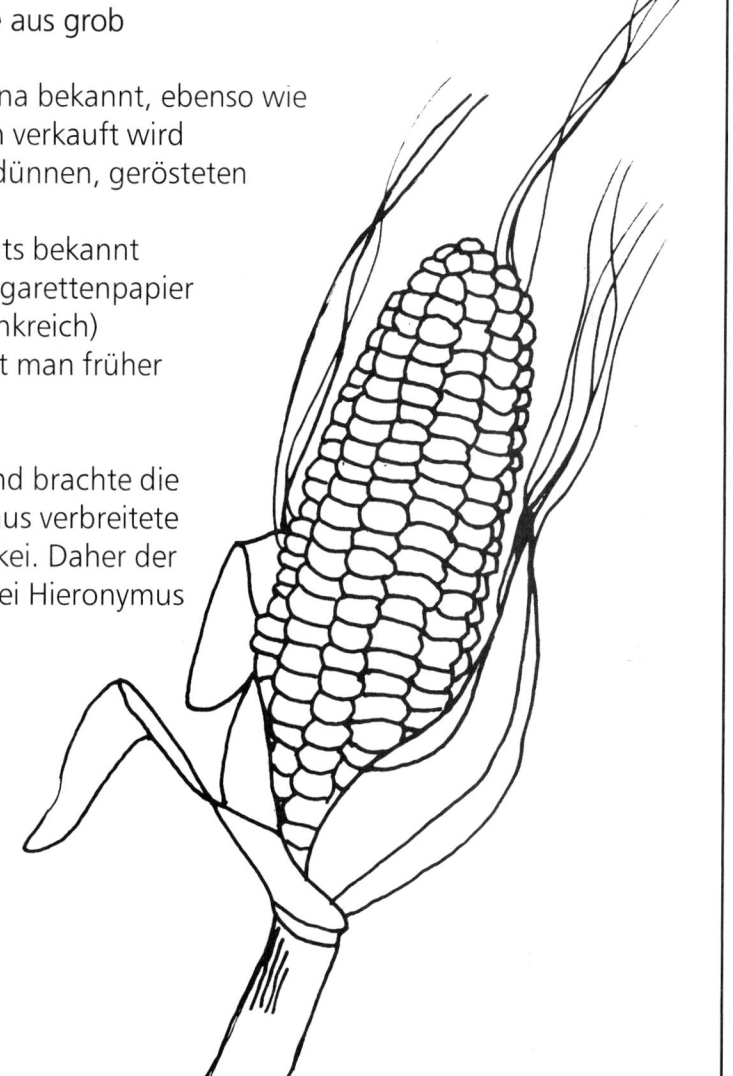

Kolumbus fand den Mais in Amerika und brachte die ersten Körner nach Spanien. Von dort aus verbreitete sich das Korn über Italien bis in die Türkei. Daher der frühere Name Welschkorn (zu finden bei Hieronymus Bosch 1539) oder später Türkenkorn.

Kukuruz ist der slawische Name.

Der heute gebräuchliche Name „Mais" stammt aus späterer Zeit und kommt aus Amerika.

Wissenswertes über Dinkel

Vom schwäbischen Korn oder Dinkel

Der Dinkel oder Spelz heißt bei den Schwaben „Korn".

Eine Besonderheit ist, dass er über eine sehr brüchige Ährenspindel verfügt. Die Körner fallen beim Dreschen nicht aus den Spelzen.

Früher war der Dinkel ein weit verbreitetes Getreide, bis der Weizen ihn verdrängte. Dinkel gedeiht in Höhen, wo andere Getreidearten nicht mehr wachsen können. Seine Aussaat erfolgt mit den Spelzen vor dem St. Michaelstag. Suche diesen Tag im Kalender!

Weil sich der Dinkel beim Dreschen nicht enthülst, muss das zusätzlich durch das Gerben erfolgen. Das geschah früher in den Wassermühlen, indem man die Steine dafür gröber zubereitete und auch weiter als üblich auseinanderstellte.

Die Grünkernzubereitung kommt aus früheren Zeiten.

Wenn die Bauern Missernten voraussahen, schnitten sie den Dinkel unreif. Man schnitt die Ähren ab, trocknete sie vorsichtig über mäßigem Feuer. Das grüne Korn wurde dadurch fest und mahlfähig.

Nur der Winterdinkel wird verwendet. Heute gibt es viele leckere Dinkel-Gerichte wie zum Beispiel Grünkernhamburger.

Suche Rezepte aus Kochbüchern heraus!

Die Aussaat des Dinkels erfolgt vor dem St. Michaelstag.
Dieser ist am _____

Wissenswertes über Hirse

Die Hirse ist den meisten Menschen nur noch aus Märchen bekannt. Sie gehört zu den Rispengetreidearten, wie auch der Hafer und der Reis.

Hirse oder Hirsen-Fennich, wie dieses Korn auch heißt, soll das älteste Getreide sein. In vergangenen Jahrhunderten war sie in Europa lange Zeit die Nahrung der ärmeren Bevölkerung, bis sie von der Kartoffel abgelöst wurde.

Aus der Steinzeit gibt es Funde in Europa, die auf Hirsekultur schließen lassen. Hirse war in der Römerzeit neben dem Hafer die Hauptnahrung der Germanen. Hirse ist eine kälteempfindliche Pflanze. Sie braucht ein mildes Klima und einen lockeren, sandigen Boden. Sie wird 50-80 cm hoch. Ihr Stängel ist behaart. Die Blätter sind lanzettenartig und heißen Scheidenblätter.

Die Rispen hängen einseitig herunter. Die Hirse wird gereinigt und geschält. Das Mehl eignet sich nicht gut zum Backen. Hirse wird für nahrhafte Suppen verwendet. In Rumänien stellt man aus Hirse ein säuerliches Bier her.

In der Medizin wurde Hirse früher für alles, was Trocknung brauchte, angewandt. Drei-Tage-Fieber, Durchfall, Harnblasenerkrankungen.

Die Hirsespreu benutzte man früher zum Füllen von Kissen als Unterlage für Kranke, die lange bettlägrig waren. Hirsespreu verhinderte unerwünschtes Erhitzen an den Druckstellen des Körpers.

Wissenswertes über Reis

In dem großen Land China wächst ca. ein Drittel des auf der ganzen Welt angebauten Reises. Weitere Anbauländer sind Indien, Japan, Birma und Thailand. Wichtige Reislieferanten für die Welt sind Birma, Thailand und mittlerweile Nordamerika. In Nordamerika werden im Gegensatz zu den anderen Ländern riesige Maschinen zum Reisanbau und zur Ernte eingesetzt. Auch in Europa wird Reisanbau in Ländern wie Italien, Spanien, Südfrankreich und Ungarn betrieben.

Um das Jahr 228 v. Chr. gab es in China Vorschriften über Reisanbau. Die Reis-Terrassen auf den Philippinen sollen sogar schon mehr als 2000 Jahre alt sein. Der Reis kam über China nach Japan und Indien, später dann in den arabischen Raum. Von dort aus brachten die Araber ab dem 5. Jh. den Reis nach Spanien und Italien. Der Reisanbau in Mittel- und Südamerika lässt sich über die Schifffahrt und Ländereroberung der Spanier und Portugiesen erklären.

Reis gehört zu den Rispengetreidearten. Reis enthält Vitamine, welche für die Ernährung sehr wichtig sind. Das ungeschälte Reiskorn (nicht weiß!) ist ein Samenkorn, umgeben von mehreren dünnen Schalen. Der Keimling ist ringsherum eingebettet von Stärkemasse. Sät man das Reiskorn aus, entsteht aus dem Keimling eine neue Reispflanze.

Aus dem geernteten Reis werden zusätzliche Produkte hergestellt, z. B. der Reiswein, auch Sake genannt, oder der Arak, das ist ein Reisschnaps.

Reisstärke wird zu essbarem Reispapier verarbeitet. Die Stängel und Blätter werden zu Körben, Matten und Hüten geflochten, Reiskleie und Reismehl werden in großen Fabriken zu Tierfutter verarbeitet. Die Spelzen der Pflanze werden als Dünger für die Erde benutzt.

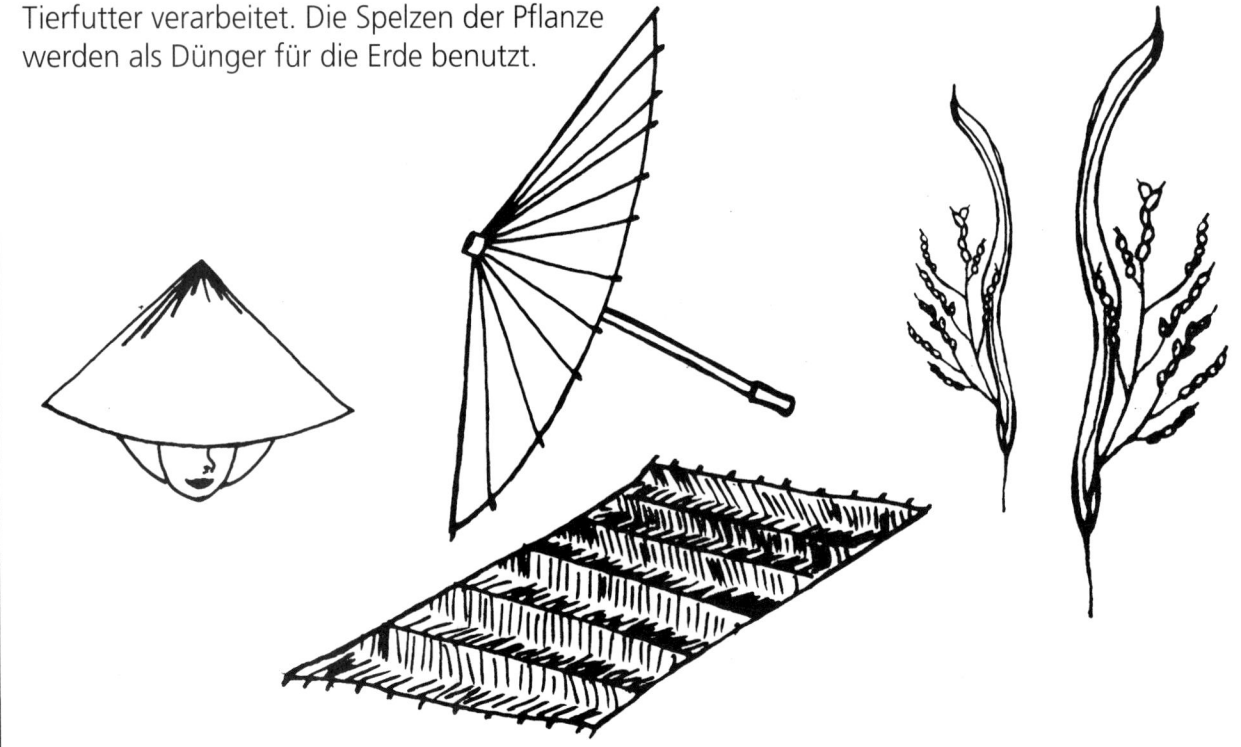

Wissenswertes über Reis

Fragen:

1. Wo wächst Reis?
   _____
   _____
   _____

2. Seit wann kennt man Reis?
   _____
   _____
   _____

3. Woher kommt Reis?
   _____
   _____
   _____

4. Was weiß ich über geschälten Reis?
   _____
   _____
   _____

5. Was weiß ich über das ungeschälte Reiskorn?
   _____
   _____
   _____

6. Es gibt verschiedene Verwendungsmöglichkeiten für die Reispflanze. Ich weiß einige:
   _____
   _____
   _____

Reisrezepte

Information

Für mehr als die Hälfte der Menschheit ist Reis das Hauptnahrungsmittel. Es gibt Länder, in denen jeden Tag Reis gegessen wird, allerdings nicht der weiße Reis, den wir häufig in Deutschland essen, sondern brauner, ungeschälter. Der weiße Reis ist geschält und hat somit viele Vitamine verloren. Wenn er so als Hauptnahrungsmittel dienen würde, hätten die Menschen mehr Krankheiten und Mangelerscheinungen wären die Folge.

Zu besonderen Anlässen wird auch im asiatischen Raum weißer Reis gegessen.

Aufgabe:
Suche in Kochbüchern nach Reisrezepten aus verschiedenen Ländern.

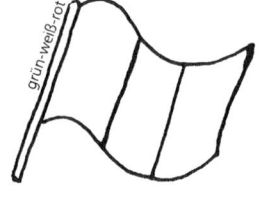

Risotto (Italien)
Rundkornreis mit
verschiedenen Soßen

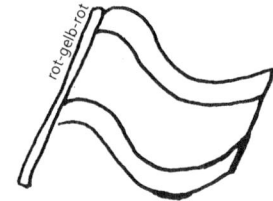

Paella (Spanien)
Reispfanne mit Meeresfrüchten und Hähnchen

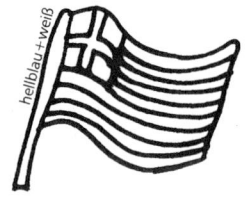

Dolmades (Griechenland)
mit Reis gefüllte Weinblätter

Reis ist nicht gleich Reis

Es gibt Reis in vielen Farben und Formen

Das braune Reiskorn ist ungeschälter Reis.
Das weiße Reiskorn ist geschälter und polierter Reis.
Er wird bei uns in Deutschland am häufigsten verwendet.

Vollreis enthält die letzte feine Schale, ist nicht poliert und hat einen beigen Farbton.

Es gibt Langkornreis, er ist körnig und locker.

Der Rundkornreis ist klebrig und glänzend. Er wird für Risotto oder Milchreiszubereitungen verwendet.

Aufgabe:
Lege eine Tabelle über die wichtigsten Reisinformationen an und ergänze sie durch Informationen aus dem Lexikon.

Du benötigst folgende Materialien:
- verschiedene Reissorten
- 1 Stift
- Lexika
- 1 Lineal

Reis		Reiskorn einkleben Langkorn	Reiskorn einkleben Rundkorn	Reiskorn einkleben Vollreis
Farbe	braun			
	beige			
	weiß			
Art/Form	rund			
	länglich			
	geschält			
	ungeschält			
Gerichte			Risotto Milchreis	

Getreide kennenlernen

Kochen mit Reis

Du benötigst folgende Materialien:
- 50 g Reis
- 1 Tasse
- 1 großes, feinmaschiges Sieb
- 1 Teelöffel

Aufgabe:
1. Fülle den Reis bis zum oberen Rand der Tasse auf.
2. Gib den Reis in das Sieb. Lasse so lange kaltes Wasser über den Reis laufen, bis das Wasser nicht mehr trübe ist.
3. Schütte den Reis aus dem Sieb in den Kochtopf.
4. Fülle die gleiche Tasse nun einmal mit Wasser und gebe das Wasser in den Kochtopf.
5. Deckel auf den Kochtopf legen.
6. Kochtopf auf die Platte stellen. Wasser zum Kochen bringen.
7. Nach dem Kochen auf die letzte Stufe herunterschalten. 20 Minuten köcheln lassen.
8. Kochplatte abschalten.
9. 5 Minuten den Topf mit geschlossenem Deckel stehen lassen.

Aufgabe 1:
Fülle den Reis mit einem Löffel in die Tasse.
Was ist passiert? Notiere bitte:

___

___

___

Aufgabe 2:
Versuche verschiedene Reissorten zu kochen.
Was hast du beobachtet? Notiere bitte:

___

___

___

Wissenswertes über Weizen

Du benötigst folgende Materialien:
• Originalgetreidepflanzen oder gute Abbildungen

Aufgabe:
1. Betrachte die Getreidepflanze genau.
2. Beschrifte die Namenskärtchen.
3. Merke dir anschließend die Bezeichnungen.

Weizen	Ähre	Körner
	Halm	kurze Grannen

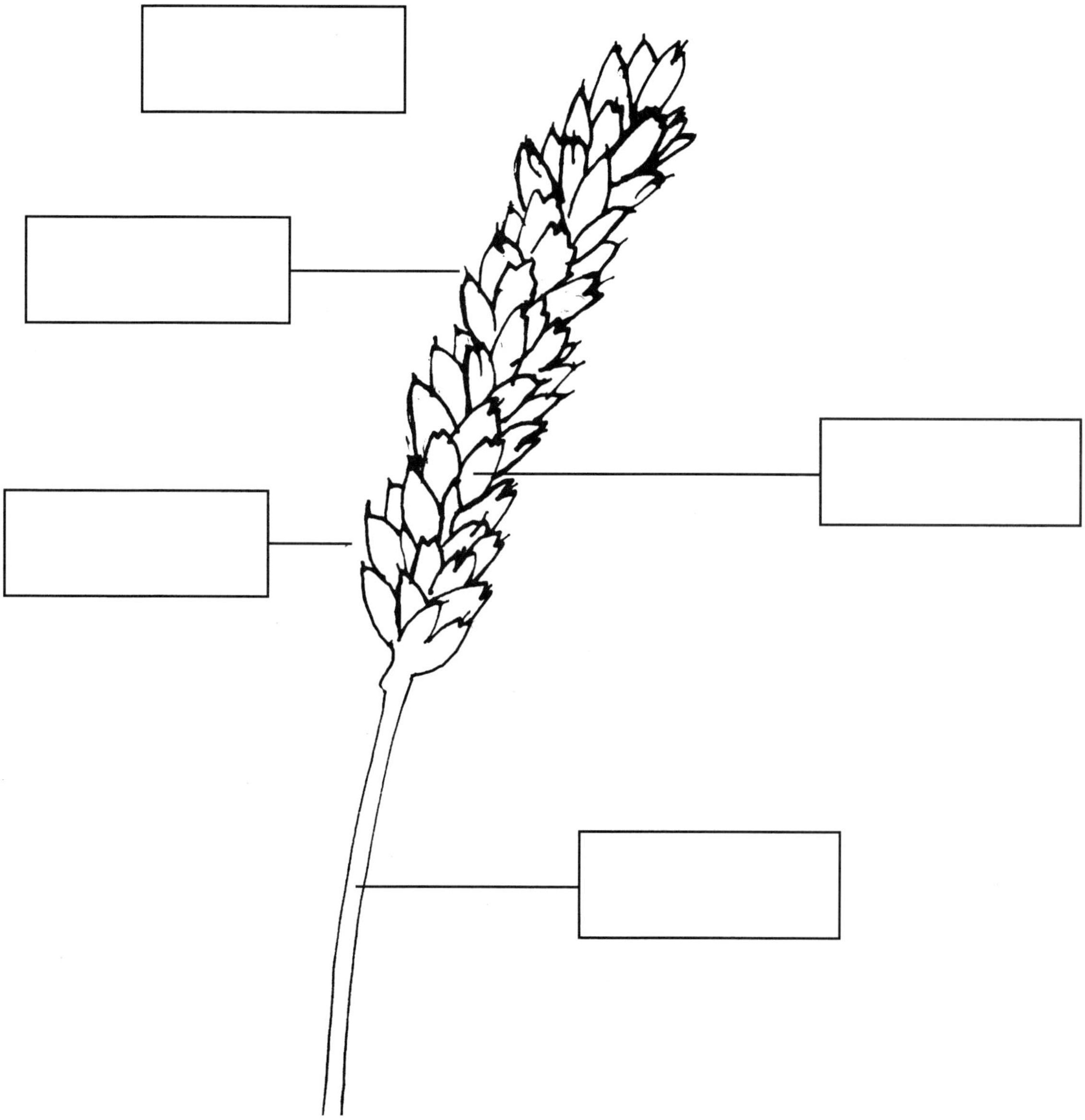

Aufbau einer Getreidepflanze

Hafer

Rispe	Körner
Hafer	Halm

Gerste

Gerste	lange Grannen
Körner	Halm	Ähre

Aufbau einer Getreidepflanze

Dinkel

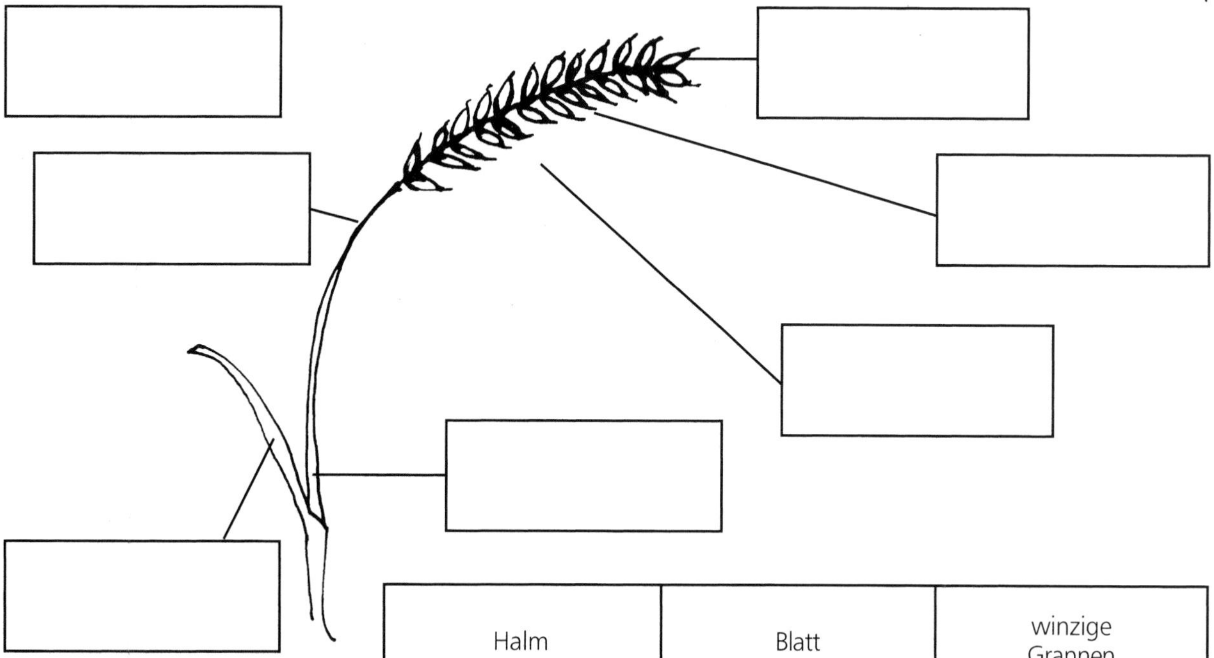

	Halm	Blatt	winzige Grannen
Dinkel	Korn im Spelz	dünne Ährenspindel	Ähre

Roggen

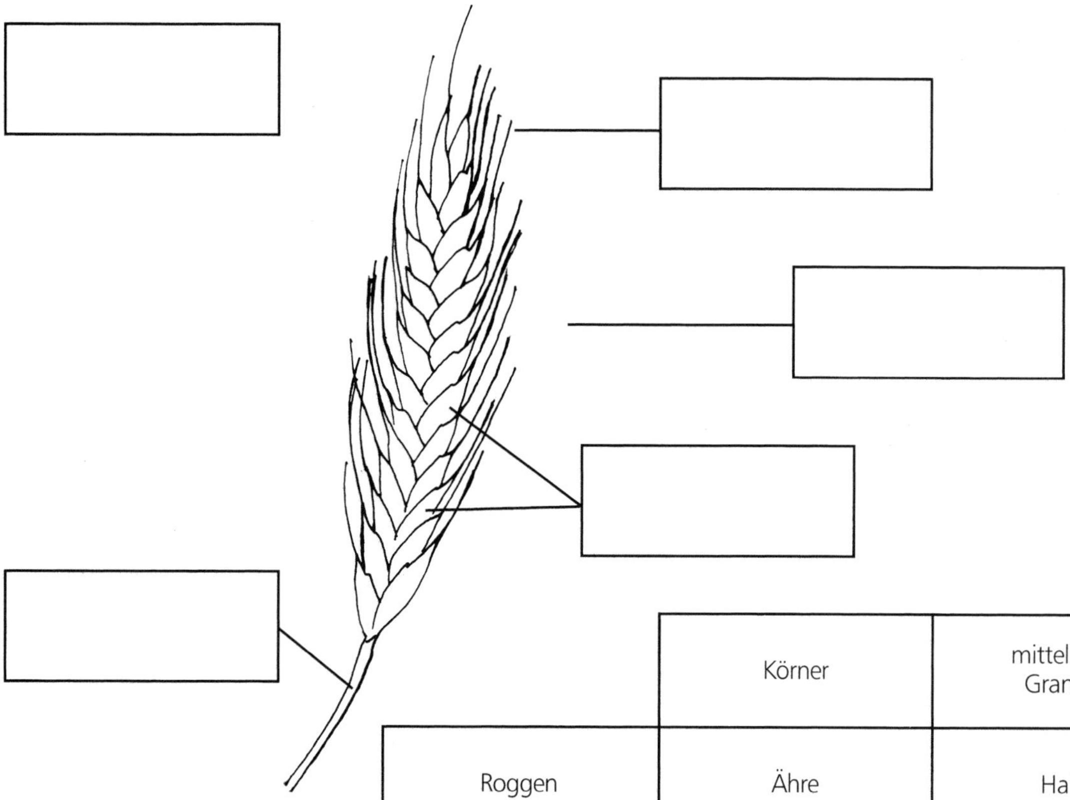

	Körner	mittellange Grannen
Roggen	Ähre	Halm

Aufbau einer Getreidepflanze

Pflanzen kann man erfühlen

Du benötigst folgende Materialien:
- 1 Tischplatte
- 1 Augentuch
- verschiedene Getreidepflanzen

Aufgabe:
1. Betrachte die Getreidepflanzen genau.
2. Präge dir Merkmale ein.
3. Deine Partnerin/dein Partner verbindet dir die Augen.
4. Du bekommst vorsichtig Getreidepflanzen zum Fühlen in die Hände gelegt.
5. Versuche durch Fühlen die Getreidearten zu erkennen.
6. Deine Partnerin oder Partner kontrolliert deine Aussagen.
7. Wechselt die Rollen.

Viel Spaß!

Das Getreidekorn

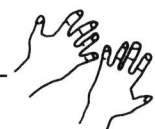

Du benötigst folgende Materialien:
- 10 Getreidekörner
- 1 Messer
- 1 Lupe
- 1 Mikroskop
- 1 Zeichenblock
- 1 Radierer
- 1 feinen Bleistift
- 1 Holzbrett

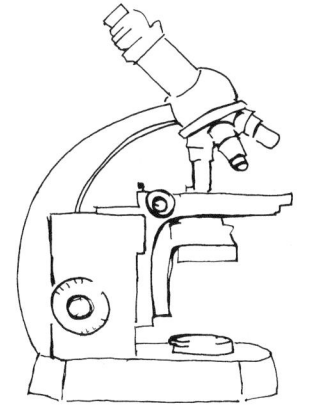

Aufgabe:
1. Weiche die 10 Getreidekörner in einer Schale mit Wasser über Nacht auf. Die Getreidekörner werden größer, d. h. sie quellen auf.
2. Schneide die einzelnen Getreidekörner mit dem Messer längs durch.
3. Betrachte das aufgeschnittene Korn zuerst unter der Lupe, danach unter dem Mikroskop.
4. Zeichne deine genauen Beobachtungen von Lupe und Mikroskop ordentlich auf.
5. Vergleiche beide Zeichnungen miteinander.

Zeichnung der Beobachtung mit der Lupe

Zeichnung der Beobachtung mit dem Mikroskop

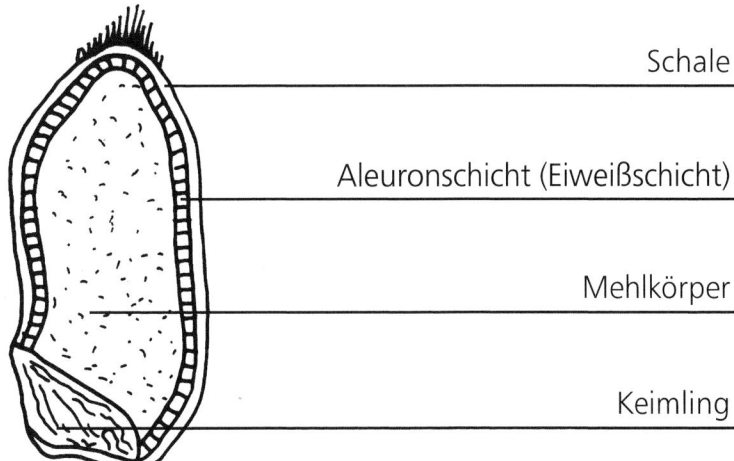

Schale

Aleuronschicht (Eiweißschicht)

Mehlkörper

Keimling

Information

Die Schale ist sehr fest und schützt das Innere im Korn. Beim Mahlvorgang wird aus dem Mehlkörper das weiße Mehl gewonnen. Dunkles Mehl enthält die Schale. Aus dem Keimling entwickelt sich die Getreidepflanze.

Aufbau einer Getreidepflanze

Feldarbeit früher und heute

Du benötigst folgende Materialien:
- mehrere Pappkarten (Quartettgröße)
- Block
- Stifte

Aufgabe:
1. Sortiere in der richtigen Reihenfolge.
2. Lege eine Tabelle „früher und heute" an.
3. Schreibe eine genaue Geschichte nur von früher oder heute auf.

Zusatzaufgabe: Erstellung eines Memorys®
1. Zeichne zu den Textkarten Bilder.

Der Boden muss sehr locker sein. Erst dann kann der Bauer die Saat einsäen. F	Danach nahm der Bauer eine Egge und harkte den Feldboden kleiner. Anschließend wurde die Ackerwalze über den Boden gezogen. L
Die Ackerwalzen gab es früher nicht. Die Feldarbeiter gingen mit Harken auf die Felder, um die letzten Erdklumpen zu zerkleinern. A	Zuerst wird der Ackerboden mit einem Pflug bearbeitet. Früher hatte man Holzpflüge mit einer Holzspitze, die in den Boden reinragte. Sie wurde später durch Metall ersetzt. Pflüge wurden von Menschen, Ochsen oder Pferden gezogen. Der Bauer ging hinterher und drückte die Pflugschar in den Boden, damit die Erde umgewälzt werden konnte. E
Früher zog der Bauer selbst die Egge. Auf der Egge lagen schwere Steine. Heute werden die Eggen an riesengroße Traktoren gehängt. D	Der Bauer zog sich früher einen Sack über die Schulter. Er griff mit der Hand in den Sack, holte die Körner heraus und streute sie mit einer großen Handbewegung aufs Feld. E
Nach der Reife wurde früher mit vielen Menschen das Getreide von Hand und mit einer Sichel gemäht und mit dem Dreschflegel auf dem Scheunenboden gedroschen. Danach wurde die Spreu vom Getreide getrennt. Heute macht dies alles der Mähdrescher. T	Die Traktoren haben große Räder, damit sie nicht auf den Feldern in die Erde einsinken können. B
Heute gibt es die großen Saatmaschinen. Oben werden die Körner eingefüllt. Unten fallen die Körner durch „Saatzähne" in die Ackerfurchen. I	Die heutigen schweren Traktoren nehmen dem Menschen die körperliche Arbeit ab. R

Lösung: FELDARBEIT

24 Früher und heute

Vom Korn zum Brötchen

Aufgabe:
1. Ordne die Texte und Bilder in der richtigen Reihenfolge an.
2. Schreibe eine ausführliche Geschichte.

Der Teig muss „aufgehen". Er wird vorher zugedeckt, damit er größer wird. Der Teig wird genau abgewogen und portioniert. Der Teig wird geformt. In der Backstube sieht man genau, wann der Teig fertig ist. Die Teigstücke werden eventuell nochmals geformt. K	
In der Backstube wird der Teig zubereitet. Alle Zutaten werden mit Wasser vermischt. Eine Knetmaschine knetet den Teig gut durch. C	
Die Teigstücke kommen auf Bleche. Die Bleche werden in den vorgeheizten Backofen geschoben. E	
Nach der Backzeit werden sie herausgeholt und verkauft. R	
Der Bauer/die Bäuerin sät Getreide aufs Feld aus. Nachdem das Getreide reif ist, wird es mit dem Mähdrescher gemäht. B	
Die Getreidekörner werden in Säcke abgefüllt und in eine Mühle gebracht. In der Mühle wird das Getreide zu Mehl verarbeitet. Der Bäcker/die Bäckerin kauft Mehl in der Mühle. Weitere Zutaten zum Backen werden von der Bäckerei eingekauft. Ä	

Lösung: BÄCKER

Früher und heute

So backte man früher zu Großmutters Zeiten

Aufgabe:
1. Ordne die Texte und Bilder in der richtigen Reihenfolge an.
2. Schreibe eine ausführliche Geschichte.

Im Backofen oder im Backhaus wurde Feuer gemacht. Wenn die Steine heiß waren, wurde die Glut zur Seite geschoben. **I**	
Mit einem langen Schieber wurde der Teig eingeschlossen, d. h. die Laibe lagen nun zum Ausbacken auf den heißen Steinen. Mit dem langen Schieber wurden die Brote nach der Backzeit wieder herausgeholt. **B**	
Es gab frisches, knuspriges, duftendes Brot. **E**	
In der großen Teigschüssel wurde der Brotteig angerichtet, gemischt und geknetet. **L**	
Aus dem Teig formte man große Laibe. **A**	

Lösung: LAIBE

26 Früher und heute

In der Backstube

Aufgabe:
Ordne die Texte und Bilder in der richtigen Reihenfolge an.

Eine Maschine formt und rüttelt aus einem Teigstück viele Brötchen. R	
Brote oder Brötchen werden in den vorgeheizten elektrischen Backofen eingeschoben und gebacken. Die Backzeit wird an einer Zeituhr eingestellt. T	
Die fertigen Teigwaren werden verpackt und kommen mit Transportfahrzeugen zu den Verkaufsfilialen. Heute gibt es ungebackene Teiglinge. Die schieben Verkäufer/Verkäuferinnen in den elektrischen Backheizofen. Im Verkauf riecht es nach frischen Backwaren. Dies soll zum Kaufen animieren. E	
In einer großen Backschüssel werden die Zutaten – Mehl, Hefe, Salz und Wasser – gemischt und der Teig mit einem elektrischen Rührgerät geknetet. B	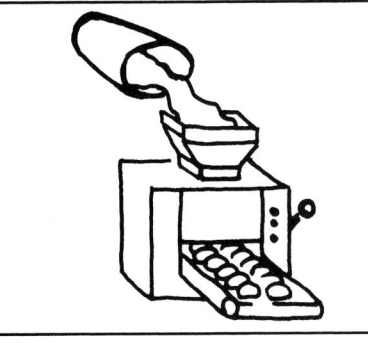
Brezeln muss der Bäcker auch heute noch von Hand formen. Eine Brezelformmaschine gibt es nur in großen Backfabriken. O	

Lösung: BROTE

Früher und heute 27

Überall finden wir Getreide

Hallo du Detektiv/Detektivin, begib dich auf die Suche zu Hause, im Supermarkt usw.

Aufgabe:
1. Schaue dir die Verpackungen von Lebensmitteln genau an.
2. Lies die Angaben für Inhaltsstoffe genau durch.
3. Schreibe dir auf einen Zettel, welche Getreidearten verwendet wurden.
4. Sortiere die Produkte nach den Getreidearten,
    z. B. Hafer: Haferflocken, Kinderbrei, Müsli.

Hafer	Hafer finde ich in:
Weizen	Weizen finde ich in:
Gerste	Gerste finde ich in:
Roggen	Roggen finde ich in:
Dinkel	Dinkel finde ich in:

Hauptnahrungsmittel in verschiedenen Ländern

Aufgabe:
1. Kreuze in der Tabelle mithilfe von Nachschlagewerken die Spalten an!
2. Suche dir zusätzlich andere Länder heraus und überprüfe mithilfe von Nachschlagewerken!

	Reis	Mais	Kartoffeln	Hirse	Getreide	Maniok
Deutschland						
Indien						
Südamerika						
China						
Afrika						
Peru						

Reis auf verschiedene Arten essen

In Indien ist es Sitte, den Reis mit der Hand zu kleinen Bällchen zu formen, um ihn dann in den Mund zu nehmen. Es gibt andere Länder, wo der Reis mit Stäbchen gegessen wird.

Hast du schon einmal mit Stäbchen gegessen?

1. Lege ein Essstäbchen auf den Ringfinger (4. Finger) und halte es dort mit dem darübergelegten Daumen fest.

2. Das andere Essstäbchen halte jetzt zwischen der Daumenspitze und dem Zeigefinger.

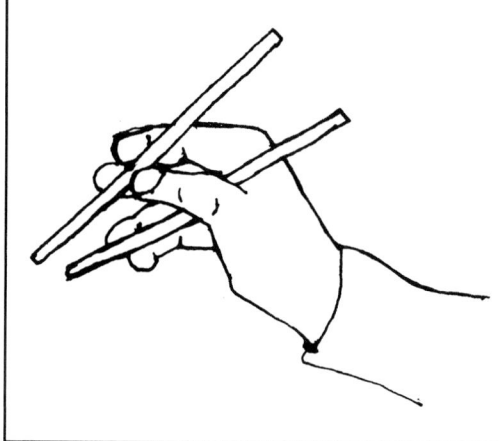

3. Drücke den Reis aus der Schüssel mit dem oberen Essstäbchen gegen das untere. Somit hältst du den Reis fest.

PS: Du musst klebenden Reis nehmen.

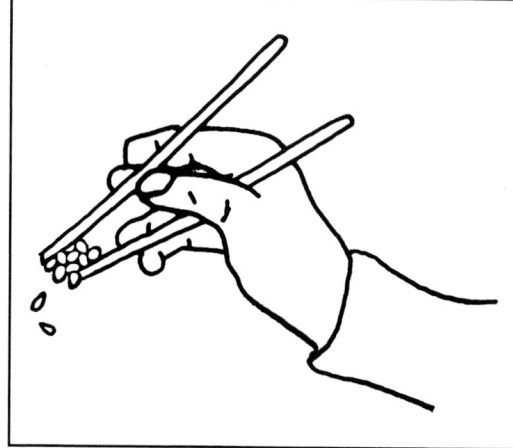

„Rund um das Korn"-Quiz I

Aufgabe:
1. Schneide die Umrandung der Karten ab.
2. Klebe den Bogen auf Karton.
3. Schneide die einzelnen Karten an den durchgezogenen Linien aus.
4. Schreibe eigene Frage-Antwort-Karten.
5. Was zusammengehört, hat die gleiche Zahl auf der Frage- und Antwortkarte.
6. Die Frage-Antwort-Karten benötigst du für das Korn-Quiz und für das Spiel am Ende des Heftes.

F1 Wie heißt die Maschine, welche zur Getreideernte eingesetzt wird?	F2 Bis zu welcher Höhe wachsen Maispflanzen?
A1 Mähdrescher	A2 Maispflanzen können bis zu 2,50 m hoch wachsen.
F3 Nenne einen Kontinent, in dem das Hauptnahrungsmittel Hirse ist.	F4 Schätze die Anzahl der Reiskörner bei einem Gesamtgewicht von 100 g.
A3 Afrika	A4 ca. 5.000 Reiskörner

Stationenlernen 31

„Rund um das Korn"-Quiz II

F5 Wie heißt die Getreidesorte mit den „Rispen"?	**F6** Aus welchem Getreide wird Popcorn hergestellt?
A5 Hafer	**A6** Aus Maiskörnern wird Popcorn hergestellt.
F7 Nenne mindestens 4 Zutaten beim Brötchenbacken.	**F8** Welches für den Menschen wichtige Vitamin ist im frisch gebackenen Vollkornbrot vorhanden?
A7 Mehl, Hefe, Wasser oder Milch, Zucker, Salz, Butter	**A8** Vitamin B
F9 Wie viele Bäckereien gab es im 5. Jh. n. Chr. in der Stadt Rom?	**F10** Wie heißt eine Lebensregel aus Ägypten?
A9 Ca. 300 Bäckereien gab es im 5. Jh. in der Stadt Rom.	**A10** Iss kein Brot, wenn ein anderer Mangel leidet und du ihm nicht die Hand mit dem Brot reichst.

Kreuzworträtsel

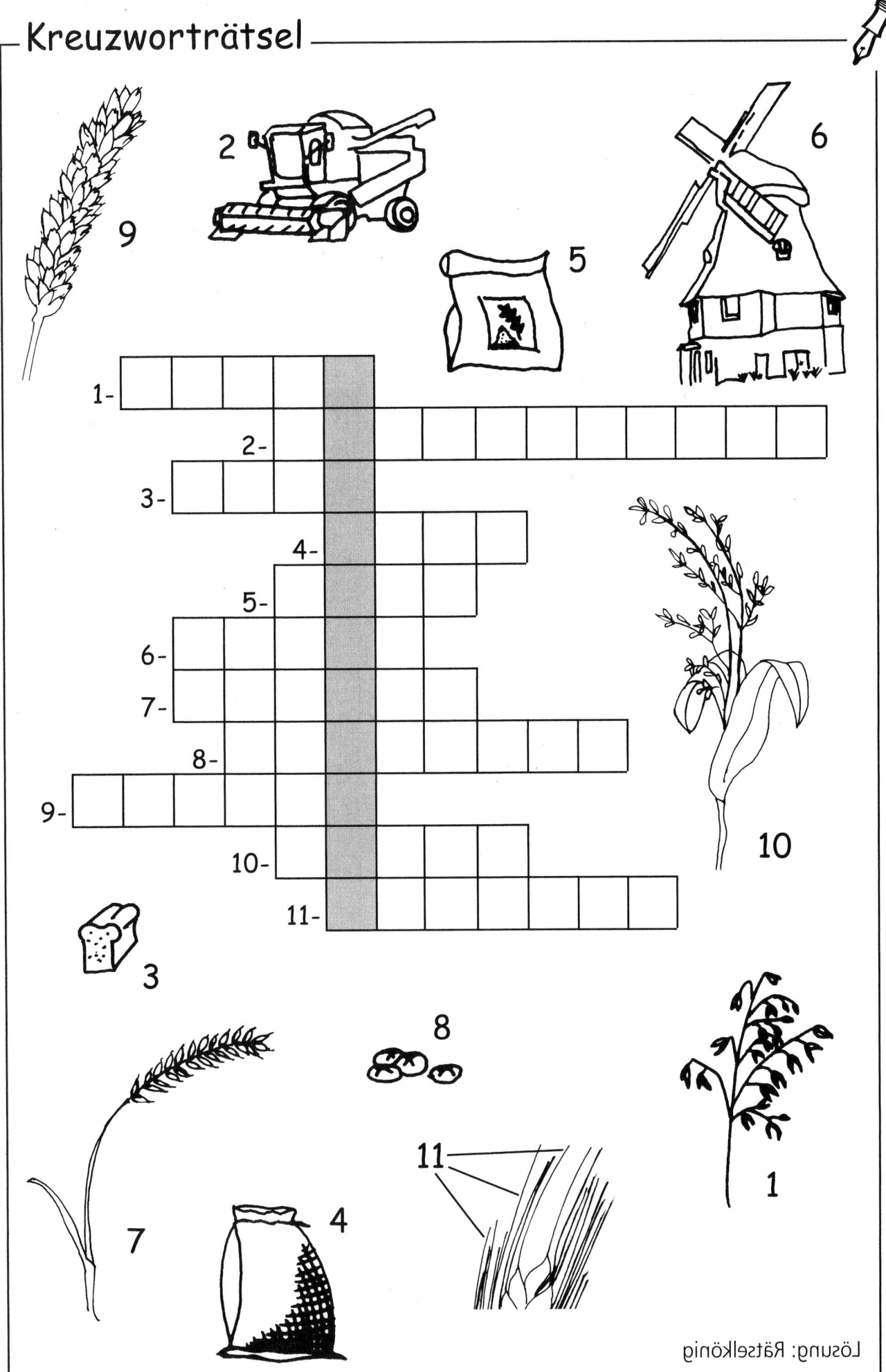

Lösung: Rätselkönig

Getreidemandala

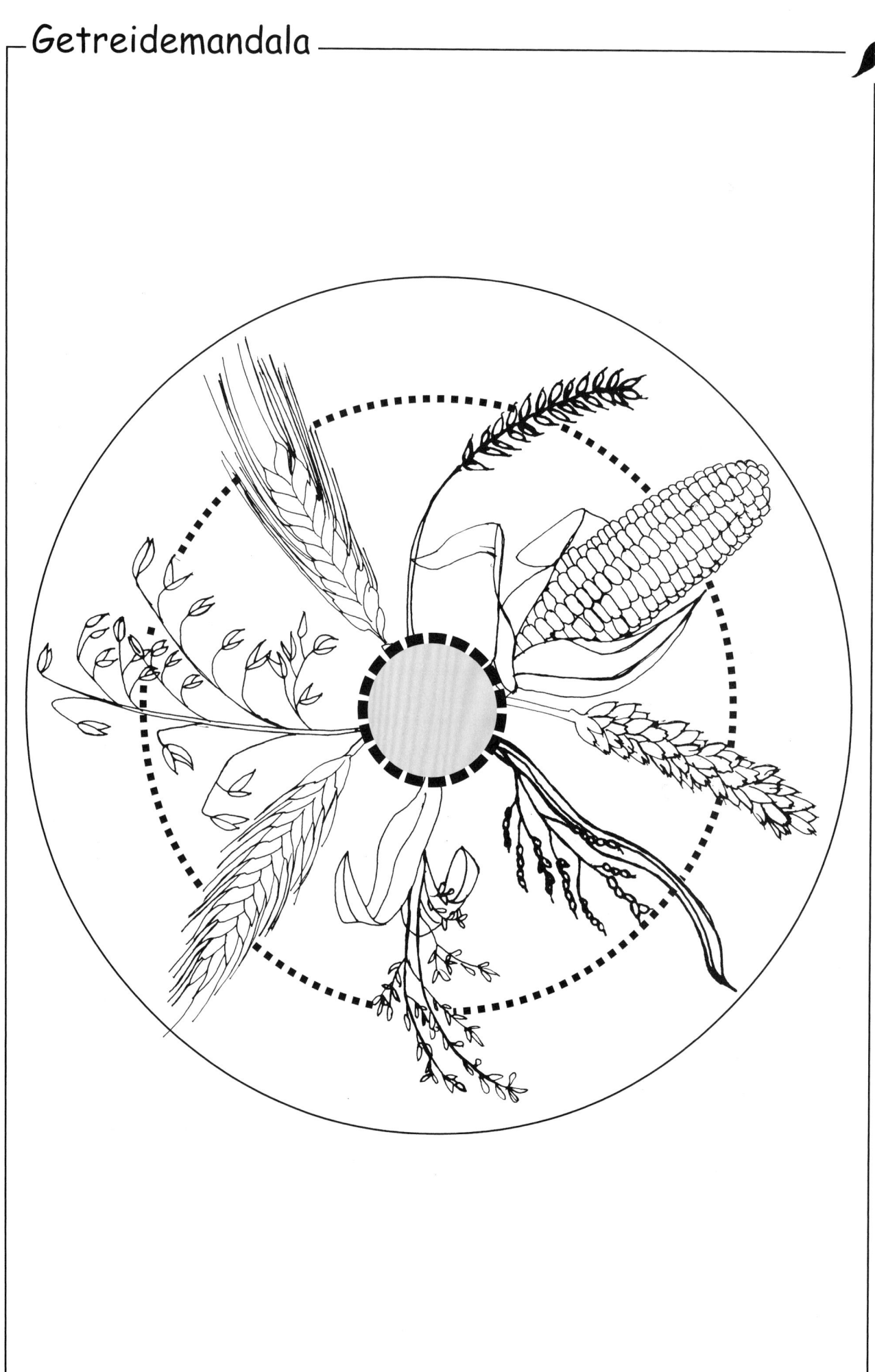

Körnerbilder

Du benötigst folgende Materialien:
- feste Pappe ca. 20 cm x 15 cm
- Bleistift
- Holzleim (hinterlässt keine Klebespuren)
- verschiedene Körner
- Klarlack (FCKW-frei)

Aufgabe:
1. Zeichne mit Bleistift eine Figur vor.
2. Danach bestreiche einen Teil der zu beklebenden Fläche mit Holzleim.
3. Klebe die Körner auf die bestrichene Fläche.
4. Wenn du fertig bist, besprühe dein Bild mit Klarlack (ohne FCKW).

Schätzen und Wiegen

Du benötigst folgende Materialien:
- 1 Küchenwaage
- 1 Teelöffel
- 1 Mühle

Aufgabe:
1. Wiege jeweils ganz genau 20 g Körner ab.
2. Schätze die Anzahl der Körner.
3. Trage in die Tabelle ein.
4. Zähle genau ab.
5. Trage das Ergebnis in die Tabelle ein.
6. Errechne den Unterschied.

Name	20 Gramm	geschätzte Körnerzahl	tatsächliche Körnerzahl	geschätzte Mehlmenge (gestr. TL)	tatsächliche Mehlmenge (gestr. TL)
Weizen					
Mais					
Reis					
Hirse					
Hafer					
Amarant					

Zusatzaufgabe:
1. Mahle je 20 g Körner.
2. Schätze die Mehlmenge nach gestrichenen Teelöffel (gestr. TL) ab.
3. Trage in der Tabelle ein.
4. Miss mit dem Teelöffel ab und trage das tatsächliche Ergebnis ein.

Die Geschichte des Brotes

Das Getreide wurde sehr wichtig für die Ernährung der Menschen. Die verschiedenen Getreidearten ließ man nicht mehr wild wachsen, sondern züchtete sie.

Zuerst aß man das Getreide als Brei oder Grütze, danach als Fladenbrot, schließlich nicht mehr als flächiges, sondern als räumlich geformtes Brot. In Ägypten backte man das Brot in erhöhten Formen aus. Die Ägypter schufen die ersten Backhäuser mit Backöfen.

Andere Völker aßen länger noch als die Ägypter Getreide in Brei- und Fladenform.

Die Menschen legten das Getreide zwischen Steine und zermahlten es mit Hin- und Herbewegungen zu grobem Mehl. Das Mehl wurde mit Wasser vermischt, zu Fladen geformt und auf heißen Grillfeuersteinen ausgebacken.

Fladenbrote waren hart und trocken. Sie ließen sich gut lagern. Andere Menschen entdeckten per Zufall, dass der Teig Blasen bildete, wenn man die Getreidekörner zerstampfte, in Wasser einlegte und in der Sonne stehen ließ. Es hatte sich Sauerteig gebildet. Das Backwerk vergrößerte sich bei Hitze und wurde lockerer als die Fladenbrote. So wurde das Sauerteigbrot entdeckt.

Menschen haben über die Jahrtausende durch Ausprobieren viele verschiedene Brotsorten gebacken.

Im Jahre 600 v. Chr. wurde in Griechenland gesäuertes Brot als Leckerbissen auf den Tisch gestellt.

Um ca. 150 v. Chr. beschreibt Cato, ein Römer, die Herstellung von Fladenbrot. Das Brot wurde unter einem gewölbten Tongefäß gebacken.

Lange Zeit gab es im Römischen Reich nur Gerstenbrot zu essen. Man hielt es für ein gesünderes Nahrungsmittel als Weizenbrot. Die Reichen aber aßen Brot aus weißem Mehl. Jahrzehnte später gab es Weizenbrot für viele Menschen zu kaufen.

Im Jahr 49 n. Chr. wurden über 350.000 Menschen umsonst mit Brot versorgt. Im 5. Jh. n. Chr. gab es in Rom bis zu 300 Bäckereien in der Stadt.

Im Mittelalter wurden in Paris monatlich Brote auf ihr Gewicht hin überprüft. Bei dreimaliger Ermahnung wurde der Bäcker aus der Stadt gewiesen.

Das Brot wurde kultisches Symbol der Nahrung, d. h. es wurde als Dankesopfergabe angesehen. In vielen Religionen wurde das Brot miteinander gebrochen. Früher machte die Bäuerin beim Backen und Anschneiden des Brotes das Kreuz auf den Brotlaib. Dieser Brauch verschwand mit der maschinellen Herstellung.

Brot ist heute zum Träger für andere Stoffe geworden: Brot mit Butter und Marmelade, Käse oder Wurst; weißes Brot als Zwischenbissen bei den Mahlzeiten, um die Sinne für die nächsten Geschmacksreize wieder wach zu machen.

Informationstische

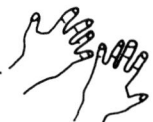

Aufgabe:
1. Bringt verschiedene Brotsorten-Stückchen in die Schule mit.
2. Befragt die Bäckereifachverkäuferin nach Folgendem:
   z. B.
   Name des Brotes: Stangenweißbrot
   Form: länglich
   Treibmittel: Hefe oder Backmischung
   Mehl: Weißmehl
   Gewürze: Salz
   weitere Inhalte:

   Geschmack: nach nichts
   Festigkeit: innen weich, außen knusprig

3. Stellt Infoschilder zu den Brotsorten dazu.
4. Fertigt einen Infotisch an!

Tipp
Hängt über dem Tisch ein großes Plakat mit ausgeschnittenen Brotsorten aus Zeitungen und Zeitschriften auf.

Weizen-Wachstums-Rallye I

Du benötigst folgende Materialen:
- 1 großen Blumentopf
- 1 Untersetzer
- 1 Klebeschildchen mit deinem Namen
- Erde vom Acker
- 10 Saatgut-Weizenkörner (Saathandlung)
- 1 dünnes Ästchen
- 1 Lineal

Aufgabe:
1. Beschrifte dein Klebeschildchen mit deinem Namen und dem Datum der Aussaat und klebe es auf den Topf.
2. Fülle Erde bis zum oberen Rand des Blumentopfes.
3. Drücke einen leichten Rand im Inneren des Topfes in die Erde.
4. Drücke mit dem dünnen Ästchen mehrere Löcher in die Erde.
5. Gib in die Löcher jeweils 1 Weizenkorn.
6. Drücke die Löcher vorsichtig zu.
7. Die Erde muss während des Wachstums immer leicht feucht gehalten werden.
8. Schreibe deine Beobachtungen in eine selbst angefertigte Tabelle.
9. Fange erst mit dem Messen an, wenn der Keimling sichtbar ist.

So zeichnest du die Tabelle in dein Heft:

Meine Tabelle

Name: _____

Datum der Aussaat: _____

Keimling sichtbar: _____

	1. Tag	2. Tag	3. Tag	4. Tag	10. Tag	20. Tag
Datum						
genaue Pflanzenlänge in cm + mm						

	25. Tag	30. Tag	35. Tag	40. Tag	45. Tag	50. Tag
Datum						
genaue Pflanzenlänge in cm + mm						

Stationenlernen

Weizen-Wachstums-Rallye II

Du benötigst folgende Materialen:
- Millimeterpapier
- 1 grünen Fineliner

Aufgabe:
Zeichne jeden Tag die gewachsene Länge in die Tabelle ein. Siehe Beispiel unten.

Datum										
Höhe in cm + mm										
Tag	1.	2.	3.	4.	5.	6.	7.	8.	9.	10.

Datum	3.3.	...	...	8.3.	9.3.
Höhe in cm + mm					
Tag	1.	...	...	6.	7.

Beispieltabelle

40 Stationenlernen

Bauernregeln – Rund um das Korn

Aufgabe:
1. Suche in alten Kalendern nach Bauernregeln.
2. Schreibe sie nach den Monaten auf. Du kannst auch selbst welche erfinden.
3. Male Bilder mit dem Fineliner dazu.

Januar muss vor Kälte knacken,
wenn die Ernte soll sacken.

Februar
Gibt's an Lichtmess helles Wetter,
wird die Ernte im Sommer besser.

März mit viel Donner und Blitz
gibt viel Korn und Sommerhitz.

April
Bläst der Wind kräftig in sein Horn,
steht es gut um Heu und Korn.

Mai
Viel Unwetter im Mai,
singt der Bauer im Sommer juchhei.

Juni
Soll gedeihen Korn und Wein,
muss der Juni trocken sein.

Juli
Juliregen nimmt den Erntesegen.

August
Morgentau im August,
ist des Bauern Lust.

September
Septemberregen kommt der Saat gelegen.

Oktober
Bei viel Oktoberfrost und Wind,
die Wintersaat vergeht geschwind.

November
Viel Novemberregen und Frost,
oft der Saat das ganze Leben kost'.

Dezember
Weihnachten im Klee,
tut der Saat im Frühjahr weh.

Der Bauer und der Teufel

Aufgabe:
Lies den Text sehr genau durch und schreibe ein Theaterstück mit folgenden Personen:
1. Der Bauer
2. Der Teufel
3. Der Erzähler oder die Erzählerin

Bauer: „Heute habe ich meinen Acker bestellt."

Der Bauer und der Teufel

Es war einmal ein kluges und verschmitztes Bäuerlein, von dessen Streichen viel zu erzählen wäre: Die schönste Geschichte ist aber doch, wie er den Teufel einmal drangekriegt und zum Narren gehabt hat.

Das Bäuerlein hatte eines Tages seinen Acker bestellt und rüstete sich zur Heimfahrt, als die Dämmerung schon eingetreten war. Da erblickte er mitten auf seinem Acker einen Haufen feuriger Kohlen, und als er voll Verwunderung hinzuging, so saß oben auf der Glut ein kleiner schwarzer Teufel. „Du sitzest wohl auf einem Schatz?", sprach das Bäuerlein. „Jawohl", antwortete der Teufel, „auf einem Schatz, der mehr Gold und Silber enthält, als du dein Lebtag gesehen hast." „Der Schatz liegt auf meinem Feld und gehört mir", sprach das Bäuerlein. „Er ist dein", antwortete der Teufel, „wenn du mir zwei Jahre lang die Hälfte von dem gibst, was dein Acker hervorbringt: Geld habe ich genug, aber ich trage Verlangen nach den Früchten der Erde." Das Bäuerlein ging auf den Handel ein. „Damit aber kein Streit bei der Teilung entsteht", sprach es, „so soll dir gehören, was über der Erde ist, und mir, was unter der Erde ist." Dem Teufel gefiel das wohl, aber das listige Bäuerlein hatte Kartoffeln gesetzt. Als nun die Zeit der Ernte kam, so erschien der Teufel und wollte seine Frucht holen, er fand aber nichts als die gelben welken Blätter, und das Bäuerlein, ganz vergnügt, grub seine Kartoffeln aus. „Einmal hast du den Vorteil gehabt", sprach der Teufel, „aber für das nächste Mal soll das nicht gelten. Dein ist, was über der Erde wächst, und mein, was darunter ist." „Mir auch recht", antwortete das Bäuerlein. Als aber die Zeit zur Aussaat kam, setzte das Bäuerlein nicht wieder Kartoffeln, sondern Weizen. Die Frucht ward reif, das Bäuerlein ging auf den Acker und schnitt die vollen Halme bis zur Erde ab. Als der Teufel kam, fand er nichts als die Stoppeln und fuhr wütend in eine Felsenschlucht hinab. „So muss man die Füchse prellen", sprach das Bäuerlein, ging hin und holte sich den Schatz.

Gebrüder Grimm

Wie es früher war I

1. Es ist Frühling. Der Bauer pflügt mit seinem Pflug Furchen in das Feld. (Beide Hände zur Faust ballen, hinunter drücken, Schritte nach vorne gehen.)

2. Der Bauer hängt sich den Sack mit dem Saatgetreide um und sät das Korn. (Sack über die Schulter hängen, weite Schwungbewegungen eines Armes weg vom Körper nach außen.)

3. Mit der Egge deckt er die Samen mit Erde zu. (Finger spreizen und langsam die Arme hinterher ziehen.)

4. Nun muss das Getreide wachsen. Es regnet. (Hände bewegen sich von oben nach unten und die Finger schnell auf und ab.)

5. Die Sonne scheint. (Arme machen einen langsamen Kreis von oben nach unten.)

6. Der Wind weht. (Die Arme bewegen sich von rechts nach links und umgekehrt.)

7. Das Getreide wächst langsam immer höher. (In die Hocke gehen. Die Hände langsam von unten nach oben führen und dabei aufstehen.)

8. Es ist August. Das Getreide ist goldgelb, in den Ähren liegen die reifen Körner. (Linke Hand wölben, rechte Hand als Faust hineinlegen.)

9. Der Bauer holt die Sense und mäht das Getreide. (Beide Arme bewegen sich schwungvoll von einer Seite zur anderen.)

10. Er bindet das Getreide zu Garben und lädt sie auf den Wagen. (Mit den Händen etwas zusammenraffen, zusammenbinden und nach oben geben.)

11. Er fährt das Getreide auf seinen Hof. (Der Körper „ruckelt", Fahrgeräusche.)

12. Nun wird das Getreide mit einem Flegel gedroschen. (Hände über den Kopf führen und schwungvoll nach unten schlagen.)

13. Die Körner werden in einen großen, flachen Korb gefüllt. (Hände machen Schaufelbewegungen.)

14. Nun wird das Korn von den Strohteilen getrennt. (Beide Hände halten den großen Korb, schwungvoll nach oben führen und langsam nach unten.)

15. Die Körner werden in Säcke gefüllt und zur Mühle gebracht. (Sack schultern und auf der Stelle gehen.)

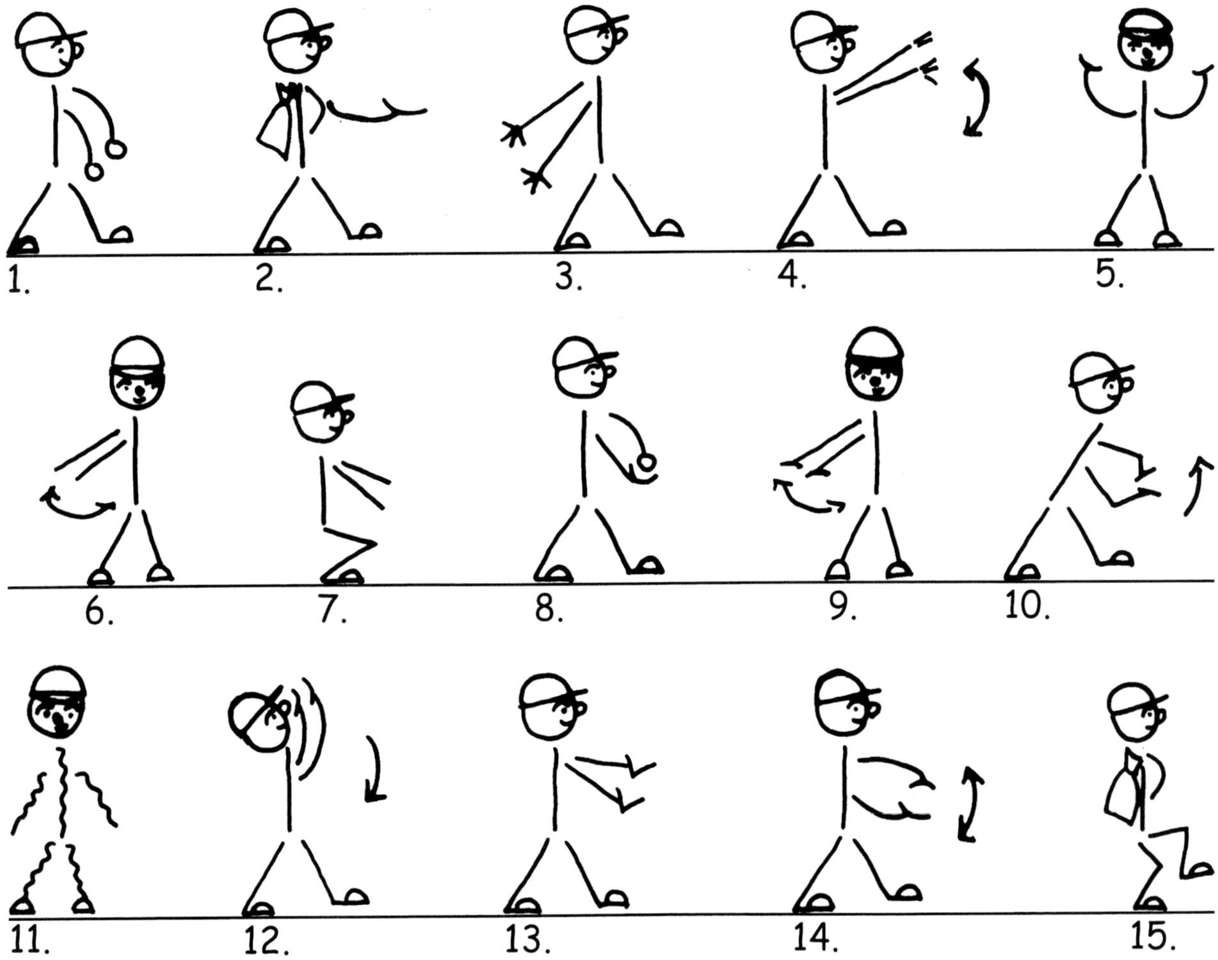

Wie es früher war II

16. Der Müller schüttet das Korn in den Trichter der Mühle. (Schüttelbewegung, Sack hoch halten.)

17. Mahlsteine mahlen das Korn zu feinem Mehl. (Eine Hand zeigt nach oben, die andere bildet eine Faust und macht Drehbewegungen auf der Handfläche.)

18. Das Mehl wird dem Bäcker geliefert. (Sack abschultern.)

19. Der Bäcker macht einen Teig. (Formbewegung.)

20. Der Bäcker gibt Mehl, Wasser, Milch, Fett und Gewürze in eine große Schüssel. (Kipp- und Gießbewegungen.)

21. Hefe und eine Prise Salz. (Daumen und Zeigefinger berühren sich und machen Bröckelbewegungen.)

22. Der Teig wird gut durchgeknetet und geformt. (Knet- und Formbewegungen.)

23. Das Brot muss nun im Backhäuschen gebacken werden. Brot auf die Brotschaufel. (Hebebewegung.)

24. Klappe auf. (Kurze Zugbewegung.)

25. Brot in den Backofen schieben. (Schnelle Schiebebewegung.)

26. Klappe zu. (Kurze Drückbewegung.)

27. Warten. (Arme verschränken.)

28. Klappe öffnen. (Schnelle Zugbewegung.)

29. Brotschaufel nehmen. Brot herausholen. (Langsame Zugbewegung.)

30. Mit dem Messer Brot abschneiden. (Schneidebewegungen.)

31. Brot probieren. (Langsame Kaubewegungen.) Wie schmeckt's?

Wenn ich eine Getreideähre wäre

Aufgabe:
1. Denke dir eine Geschichte aus.
2. Schreibe dir vorher Stichwörter auf einen Zettel auf.
   Die folgenden Fragen sollen dir dabei helfen.
3. Suche noch weitere Fragen.
4. Schreibe deine Geschichte nach dieser gründlichen Vorbereitung auf.

Welche Getreideart bist du? _____

Wo stehst du auf dem Feld? _____

Wie groß bist du? _____

Beschreibe dein Aussehen? _____

Was hörst du so den ganzen Tag? _____

Was hat dich geärgert? _____

Welche Tiere leben in deiner Nähe? _____

Welche Pflanzen leben in deiner Nähe? _____

Hast du Angst vor dem Mähdrescher? _____

Was soll aus dir einmal werden? _____
(Weißbrot, Haferflocken …)

Ähren bei Nacht

Du benötigst folgende Materialien:
- Zeichenpapier (mindestens 80g Holzanteil, besser 100g Holzanteil)
- Holzleim
- 1 dünnen Pinsel (für Körner)
- 1 feinen Pinsel (für Grannen)
- 1 breiten Borstenpinsel
- schwarze Wasserfarbe oder schwarze Tusche
- verschiedene Ähren
- altes Zeitungspapier als Tischunterlage

Aufgabe:
1. Die Ähre wird mit dem Holzleim gemalt.
2. Wähle eine Ähre aus.
3. Zeichne mit einem dünnen Pinsel den Halm und die Körner.
4. Mit dem feinen Pinsel lassen sich die Grannen sehr gut zeichnen.
5. Das Ganze trocknen lassen.
6. Anschließend mit schwarzer Farbe das ganze Bild dick einstreichen.
7. Farbe trocknen lassen.
8. Unter fließendem, lauwarmem bis kaltem Wasser die Farbe abwaschen.

Alternative:
1. Anstatt Holzleim nimmst du farbige, aber sehr gute Wachsstifte oder Ölkreide.
2. Male ein farbiges Ährenfeld und färbe es schwarz ein.
3. Erst abwaschen, wenn die schwarze Farbe getrocknet ist.

Brotbacken am Lagerfeuer

Du benötigst folgende Materialien:
- 10 g Butter
- 300 g Mehl
- 100 ml lauwarmes Wasser
- 5 g Salz
- 15 g Hefe (aufgelöst in lauwarmem Wasser)
- 1 Teelöffel Traubenzucker
- 3 kleine Tontöpfe
- Alufolie

Aufgabe:
1. Mehl auf die Arbeitsfläche geben und eine Mulde in die Mitte drücken.
2. Hefe in lauwarmem Wasser auflösen.
3. 1 Teelöffel Traubenzucker hinzugeben und umrühren. Abwarten, bis die Hefe kleine Bläschen wirft.
4. Die aufgelöste Hefe in die Mehlmulde gießen, das Salz dazugeben und den Teig gut durchkneten.
5. Die kleinen Tontöpfe von innen gut einfetten und den Teig hineingeben.
6. Die Tontöpfe mit Alufolie zudecken, damit keine Asche auf den Teig fliegt.
7. Tontöpfe in die Glut stellen.
8. Wenn das Brot nach ca. 60 Minuten nach oben steigt und aufbricht, ist es fertig.

„Vom Korn zum Brot"-Spiel

Ereigniskarten
siehe S. 31/32

Start

Ziel

48 Stationenlernen